www.ingramcontent.com/pod-product-compliance
Lightning Source LLC
Chambersburg PA
CBHW011759040426
42447CB00015B/3452

الخطوات السبعة للتواصل التام

حقوق الطبع ©2019

كاس توماس

ISBN: 978-1-63493-315-5

كل الحقوق محفوظة

تم نشره بواسطة كاس توماس

WWW.KASSTHOMAS.COM

النسخه الأصلية تم طباعتها نوفمبر 2015

مقدمة

ولدت وترعرعت فى الولايات المتحدة فى مدينة روكسبوري التاريخية فى ولاية ماسا شوسيت. على بعد 10 دقائق من وسط بوسطن، روكسبوري هى بوتقة انصهار للألوان الغنية، اللغات والنكهات من كل مكان فى العالم عشت هناك حتى أصبحت فى عمر الثامنة عشر، وقتها غادرت الى الجامعة فى مدينة نيويورك وهي بوتقة أكبر، باستثناء عام واحد قضيته في باريس يتخلله الكثير من السفر، مدينة نيويورك كانت موطني لمدة 15 عاماً.

ومن بعدها انتقلت الى روما من أجل الحب.

خلال السنوات التقيت بجميع أنواع البشر ومن جميع مناحي الحياة، الأعراق ، الألوان، العقائد، الأديان والخلفيات السياسية.

لا يهم المكان الذى يأتى منه الشخص واللغة التى يتحدث بها، او الوضع الذى يعيشه ثمة شئ واحداً يتجلى باستمرار وبوفرة لى:

الأمور التي توحدنا هي أكثر بكثير من تلك التي تفرقنا.

عندما نكون أنفسنا بحق، تصبح القدرة على التواصل بيسر وخلق صلة حقيقة مع كل شخص وكل شيء في هذا الكوكب أمراً فطرياً.

لقد أيقظني هذا الكتاب حرفياً فى ليلة ما وقال لي "أكتبيني من فضلك لقد حان الوقت لتشاركي الآخرين ما تعرفينه عن التواصل ، أظهري كم من الممكن أن يكون التواصل سهلاً وتاماً عندما تكون على وفاق مع حقيقتك"

وها هو كتابي الصغير عن التواصل التام، هو قصير، هو بسيط و سيخبرك ما تفعله خطوة بخطوة ويوجد أيضاً صفحات خاصة لتطبيقات عن كيفية استخدام كل خطوة فى حياتك، استخدم صفحة الإنجازات لتسجل نجاحك و التي هي في نهاية كل خطوة. أكتبهله و شاركها. أظهر للآخرين كم هو سهل أن تتواصل. التواصل الحقيقي يبدأ بك يا عزيزي. إستمتع فى كشف النقاب عن معلم التواصل التام الذي أنت عليه.

مع حبي

كاس

لقد تم تحديد طباعة هذا الكتاب خلال أسبوع تفجيرات الانتقام فى باريس – فرنسا.

حركات العنف تلك وكل شيء يؤدي إليها هي رسائل إيقاظ لنا كلنا. الحرب ليست الحل، العنف ليس الحل.

نحن الحل، وهنا السؤال: ما هو السلوك الناتج عن اللطف والذي يمكن أن يقوم به كل فرد منا ليوفر بيئة من السلام؟

كن لطيفاً مع نفسك، مع جسدك، ومع الأشياء، ومع الناس من حولك. تلك السلوكيات الصغيرة اللطيفة كل يوم سيكون لها أثراً مضاعفاً.

تستطيع ذلك ويمكنك الإسهام في موجة السلام، وسوف تخلق فرصة مختلفة هنا في كوكب الأرض.

شكراً لك مقدماً.

كاس توماس

باريس، فرنسا

نوفمبر 2015

إن الأمور التي توحدنا هي أكثر بكثير من تلك التي تفرقنا.

فهرس

المرحلة الأولى
التواصل

على سبيل التواصل...

غالباً ما ألتقي بأناس يبحثون عن معلومات لكيفية التواصل مع الآخرين بيسر أكثر، كيف يصبحون أفضل مع شركاء حياتهم، مع موظفيهم، أو ببساطة لإيجاد المزيد من السعادة.

بينما هم أنفسهم مغيبون عن حياتهم الخاصة.

هم في عداد المفقودين ومنفصلين تماماً عن ذواتهم.

بالتأكيد أي شخص قد يتعرض لتشتت مؤقت او للحظات ضبابية خلال أحلام اليقظة أو أي شيء آخر. ولكن معظم الناس يستغرقون 900% من وقتهم (هذا صحيح 900!)، في مكان آخر ماعدا اللحظة الحالية، هم بالتأكيد غير متصلين مع أنفسهم ولا أجسادهم.

وبالتالي أول شئ أوصي به للجميع قبل محاولة الإتصال بشخص آخر هو التأكد مرتين بأنك متصل بذاتك.

هاتين الخطوتين الأوليتين ستساعدك في الإتصال بذاتك!

الخطوة الأولى

أرني المعجزة (السحر)!

الخطوة الأولى: أرني السحر

لقد ظللت أتابع موضوع الحضور لسنوات طويلة فى محاولة فهمه وتجربته وإيجاد تعريف له والتأكد ما إذا كنت أمارسه فعلاً أم لا.

وأخيراً، وفي صيف ما، قررت أن أتولى هذا الوضع بنفسي. قمت بأخذ إجازة لمدة شهر، وسكنت فى غرفة صغيرة بالقرب من الشاطئ، وحصلت على دراجة وقررت أن أتعلم ببساطة كيف أكون حاضرة في اللحظة. في فجر كل يوم، كنت أقود دراجتي المتهالكة، فى شوارع أوك بلوفس إلى شاطئ إنكويل، حيث ألتقي بجماعة بولاربيرز "الدببة القطبية" وهم مجموعة من كبار السن الذين يسبحون هناك كل صباح. كنت أسبح معهم وقت الفجر فى المحيط ومنسجمة مع الأسماك وقت شروق الشمس. كان ذلك جميلاً.

عندما يغادر البولاربيرز كل صباح أعود ببساطة إلى

شغلي الشاغل ممارسة الحضور. "ممارسة الحضور" تلك بدأت بتمارين مثل قراءة الكتب المختلفة لإيجاد المانترا الصحيحة لذلك اليوم من الأسبوع، والطريقة الصحيحة لترتيب الكريستالات بناءً على منازل القمر، و الوجهة الأفضل اتخاذها لتأمل فعال في خط العرض الذي أكون متواجدة فيه.

قمت بممارسة هذا الروتين لأسابيع وعندما عدت لمدينتي نيويورك وراجعت أحداث رحلتي، أدركت أن الوقت الذي كنت أعيش فيه اللحظة فعلاً وكنت من خلاله أتواصل مع كل شيء حولي كانت عندما كنت أقود الدراجة باتجاه المحيط كل صباح، أغني مع العصافير، أسبح مع السمك، وأضحك مع البولاربيرز.

استغرقت الصيف كله أبحث عن نفسي وقد كنت هناك طوال الوقت. كل ذلك الوقت كنت أبحث عن السحر وقد كان هناك طول الوقت معي.

ما هو الشيء الذي عندما تفعله يجعلك تتصل بذاتك؟

التطبيق للخطوة الأولى

قم بإيجاد السحر

مرة فى اليوم وخلال الأسبوع القادم:

أثناء ممارستك لأي نشاط اعتيادي اسأل نفسك للحظة:

أي سحر يمكنني إيجاده في هذه اللحظة؟

قد يكون خلال غسلك للأطباق ، تنظيف أسنانك، ارتداء ملابسك، أو خلال تشذيب حديقتك.

إسأل:

"هل أمثل نفسي و كينونتي الآن؟"

"هل يستلزم مني فعل شيء؟ (هل هنالك أي متطلب مني فى هذه اللحظة؟)

معالم الخطوة الأولى

أرنى السحر !

من خلال هذه الأحداث "اليومية" وجدت السحر في......

مثال:

- بينما أعلق الملابس المبلولة لاحظت أن الشمس صنعت قوس قزح بأشعتها على فقاعة الصابون.

اليوم مشيت في تناغم مع إيقاع قطرات المطر وكأني أرقص.

اليوم وجدت السحر فيما يلي:

اليوم الأول: وجدته من خلال......ــ

اليوم الثانى:

اليوم الثالث:

اليوم الرابع:

اليوم الخامس:

اليوم السادس:

اليوم السابع:

الخطوة الثانية

تحدث إلى جسدك

الخطوة الثانية: تحدث إلى جسدك

إن جسدك يتحدث، هل تستمع إليه؟

جسدك لديه العديد من الطرق للتواصل معك. فبأي لغة يتحدث جسدك؟

جسدك هو صديقك وإذا أردت الإستماع إليه سيمد بالكثير من المعلومات و سيساعدك على التواصل الأكمل.

قد تستغرق من وقتك ساعات فتفكر فيما يجب أن تقوله أو تفعله لاحقاً أو ببساطة يمكنك أن تسأل جسدك وستحصل على الإجابة بسرعة ويسر. أمراً رائع؟ صحيح، أعرف ذلك.

بمجرد أن تتمكن من الاستماع لجسدك سوف تخلق المزيد من الفرص، وتزيد من تدفق المال لديك و ستستمتع أكثر

مع الناس حولك، وتتجنب الأمراض. ستكون رابحاً على كل الأحوال.

بدأت هذا الحوار مع جسدي قبل سنوات. وهذه هي الطريقة: أبدأ بسؤال ثلاثة أسئلة تحمل إجابة نعم أو لا. إما تكون حقيقة أو كذبة. كأن أمسك بكوب في يدي ثم أسأل "هل هذه ملعقة؟" ، "هل هذا سكين؟" ، "هل هذا كوب؟" ، ومن بعدها إستمع إلى جسدك فى كل مرة.

كنت أستمع لجسدي على المستوى الطاقي لملاحظة أي تغيير ، في شيء على الإطلاق يساعدني على تحديد الإختلاف بين ما هو صدق (حقيقة) وما هو كذب. وما لاحظته هو أن الحقيقة جعلتني أشعر بأني أكثر خفة، وما كان كذباً (غير حقيقي) جعلني أشعر بأني أكثر ثقلاً. جربها فقد تغير حياتك إلى الأبد وتجعلها أكثر سهولة! إن الإحساس الذي تصل إليه من الحقيقة أو من الكذبة

مختلف من شخص لآخر .

وفي بعض المرات قد لا تحصل على "نعم" واضحة أو
"لا" واضحة ، خصوصاً عندما تسأل أسئلة تتضمن شخصاً
آخر ، أو عندما تسأل عن القرارات ذات أهمية فى
حياتك.

على الأغلب قد يعني ذلك أنه ينقصك بعض المعلومات ،
أو أن عليك أن تسأل سؤالاً مختلفاً.

تطبيق الخطوة الثانية
استمع إلى جسدك

كل يوم خلال هذا الأسبوع قم باللعب لمدة 5 دقائق بهذه اللعبة:

هل هذا خفيف؟ هل هذا ثقيل؟

هكذا تعمل:

قم بصياغة ثلاث جمل. واحدة منها حقيقية والآخرتين كاذبة ، ثم إستمع لجسدك أين تشعر فيه بالحقيقة؟

الخطوة الأولى: استرخ

الخطوة الثانية: أمسك بقلم في يدك

الخطوة الثالثة: ردد "أحمل قلماً فى يدى"

الخطوة الرابعة: إستمع لجسدك كيف يشعر عندما تكون الإجابة "نعم" ، هل تشعر بأي خفة أو اتساع؟

الخطوة الخامسة: والأن ردد "أحمل في يدي كوباً من الشاي"

الخطوة السادسة: والآن إستمع لجسدك كيف هو شعور "لا".

الخطوة السابعة: والآن ردد "أحمل مصباحاً في يدي"

الخطوة الثامنة: إستمع إلى جسدك.

معالم الخطوة الثانية
تحدث إلى جسدك

قم بممارسة ذلك! ثم قم بمتابعة ما يظهر على جسدك عندما تقول الحقيقة وعندما تقول ما هو غير حقيقي. أين تشعر بها في جسدك؟

مع الحقيقة أشعر بــ.........

مثلاً: اتساع ، راحة في الصدر وانشراح

مع الكذبة أشعر بــ..........

المرحلة الثانية

فقد التواصل

هو أمر في غاية الأهمية أن نتمكن من طريقة سهلة وسريعة *لتحريرنا من الإتصال* بالمواقف الدفاعية التي تبقينا منفصلين عن كل شيء وكل شخص بما فيه أنفسنا. تلك الكذبات والإختراعات والإيجابية المفتعلة التي تغذينا بها أذهاننا بشكل يومي تسبب لنا التشويش ويجعل تذكرنا لحقيقة أنفسنا وما هو حقيقي وصادق بالنسبة لنا أمر صعب.

فى كل مرة نلتقي بأشخاص جدد أو مواقف جديدة ونميل لأن نبقيهم على مسافة منا ، نبني الجدران ونختبئ خلف الأقنعة ونبقي حقيقتنا وراء حجاب بغرض الحفاظ على تلك المسافة الآمنة.

هذه المسافة تضمن لنا نقصا فى التواصل والذي يؤدي لاحقاً إلى الملل، الإحساس العميق بالحزن، اليأس أو الإكتئاب.

هاتين الخطوتين القادمتين ستساعدك في *الإنفصال* عن أي شيء لا يمت *لك بصلة ولا يمثلك*. يمكنها أن تخفف الضغط النفسي وتقلل القلق وتؤدي إلى تبدد ذلك التوتر

الذي تحمله فى جسدك.

التمارين فى قسم التطبيقات ستساعدك أيضاً في الحفاظ على هدوء ذهنك.

باختصار، هذه الخطوات رائعة فعلاً.

مستعد؟ حسناً هيا بنا.

الخطوة الثالثة

تبديد الحواجز

الخطوات السبع للتواصل التام – كأس توماس90/30

الخطوة الثالثة: تبديد الحواجز

تمرين دفع الحواجز إلى الأسفل.

إبدأ ويدك فوق رأسك متجهاً براحة اليد للأسفل وقم بدفع يدك ببطء باتجاه الأرض.

قم بذلك ببطء ، والآن أبطأ وأبطأ.

هل يمكنك تحسس أعلى الحواجز؟

إذا لم تتمكن من ذلك فلا بأس فهو مازال يعمل. بينما أنت تدفع راحة يدك ببطء باتجاه الأرض فإن الحواجز أيضاً تنزل إلى الأسفل، وكأنه سحر.

إذا شعرت بأنك ترغب باللعب واستشعار ماهية هذه الحواجز ومكانهم بالضبط فقط راقب من أي إرتفاع تبدأ يدك بالمقاومة أو التردد أثناء حركتها ببطء باتجاه الأرض. هذه الحواجز خفية ولكنك سوف تستطيع *استشعار* تقريبا مكان بداية الحواجز ونهايتها. قم بهز يدك بهدوء للأعلى والأسفل قليلاً وكأنك تلعب بكرة إسفنجية

ولكنك في الحقيقة تلعب مع قمة هذه الحواجز.

مع كل سنتيمتر أو بوصة تتبدد من تلك الحواجز بينما تنزل يدك ببطء باتجاه الأرض، وأنت تستمع إلى جسدك، يمكنك أيضاً إدراك إنخفاض مستوى التوتر من تلك المنطقة من جسدك والتي مررت يدك عليها.

هيا نجربها مرة أخرى من البداية هذه المرة وخلال تجاوز يدك لمنطقة الجبين ، استشعر باسترخاء حاجبك وستشعر بتلك الخطوط على جبينك وهى تختفي باتجاه الصدغ، إذا لم يزول التوتر بشكل تلقائي عندما تمرر يدك على أجزاء جسدك قم بدعوة ذلك التوتر لأن يختفي عن طريق ترديدك لجملة "الحواجز للأسفل ، الحواجز للأسفل ، الحواجز للأسفل"، بصوت مسموع أو في سرك. تذكر، إنك تدعوها للتبدد وذلك ليس أمراً أو طلباً، على صوتك وكلامك أن يكونا لطيفين وسيحدث الإنفصال اللطيف.

يمكنك أيضاً أن تستأذنها بكلمة "من فضلك".

فى بعض المرات أتوقف بيدي في الهواء عندما أصل إلى

مكان لا تتحرك فيه تلك الحواجز ولا يختفي فيها التوتر.

عندها آخذ نفساً عميقاً ، أبتسم ثم أتكلم بلطف مع تلك الحواجز وأطلب منها أن تنزل للأسفل أكثر ولو قليلاً خارج دائرة الراحة.

عندما أقوم بهذا التمرين أقوم بإعادته بعد 5 دقائق ، وألاحظ في المرة الثانية أن الحواجز تنزل للأسفل أكثر وأكثر بمفردها.

جربها! تعامل مع الحواجز وفاوضها. هذا التمرين من أكثر التمارين المجزية والتي يمكنك القيام بها من أجل رأسك ، قلبك ، جسدك و آه صحيح ، من أجل حياتك.

تطبيق الخطوة الثالثة

إدفع الحواجز للأسفل

قم بهذا التمرين كل يوم خلال الأسبوع القادم، واختار بأن تخفض حواجزك. قد يكون ذلك خلال موقف مع شخص يستفزك ، أو مع شخص لا تعرفه. عادةً هذا التمرين يعمل جيداً مع الوالدين ، الأطفال ، زملاء العمل وحتى زوجك / زوجتك السابقة.

نقطة إضافية: إستخدمها في الأماكن العامة ، وفي أي مكان قد تواجه ردة فعل أو موقف دفاعي (زحمة السير ، الباعة الفظين) بدل ردة الفعل والإنفعال فقط خفض حواجزك. جربها!

قم بتذكر هذه النقاط:

1. تنفس
2. لا ترغمها إنما أرسل لها دعوة لطيفة.
3. لاحظ واستشعر تبدد الضغط العصبي من جسدك.
4. جربها مرة أخرى بعد 5 دقائق ولاحظ ماذا يتغير.

معالم الخطوة الثالثة
تبديد الحواجز

قمت اليوم بتخفيض حواجزي فى هذه المواقف:

1.
2.
3.

عندما خفضت حواجزي لاحظت..

مثال: (تغيير فى جسدي ، أو فى أجسادهم ، لأول مرة يبتسمون لي ، لأول مرة أرى أسمع أشعر بـ........ــ وأخيراً تمكنت من التحاور معهم بدون.....)

1.
2.
3.

الخطوة الرابعة

انطلق لما وراء الجدار

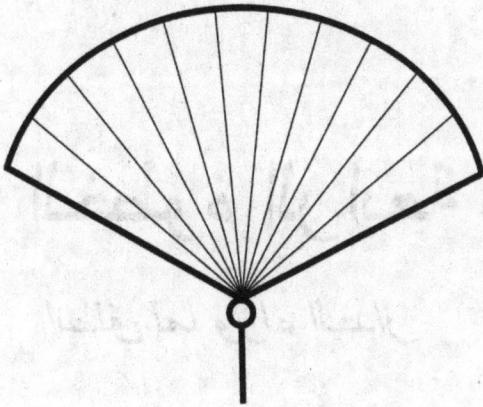

الخطوة الرابعة: انطلق لما وراء الستار

ثمة ستار (حجاب) غير مرئي يستخدمه الكثير منا للحفاظ على تلك المسافة فيما بيننا.

ليس نحن ما يراه الناس إنما يرون ذلك الستار الذي نختبئ خلفه ، وكأن الإنفصال واللاتواصل ممكن حقاً. ليس الأمر كذلك فلكي نبني واقعا نؤمن فيه بأن الإنفصال ممكن علينا بتقليص أجسادنا وأذهاننا كثيراً وذلك أمر مرهق ولا يساعدنا أثناء سعينا لتحقيق تواصل تام لا تشوبه شائبة. في الحقيقة تلك الحجب والحواجز تؤدي إلى تواصل معيب (ناقص) ، وحدة ، عسر أو مرض ، وإلى الإكتئاب في كثير من الأحيان.

تلك الحجب تنجح في حالة واحدة وهي خلق الإنفصال في عقولنا، الأمر الذي يخلق مسافة وفجوة بين حقيقة من نكون وذلك القناع الذي نرتديه والحجاب الذي نختبئ خلفه.

هكذا تعمل: تلك النسخ ذات الأقنعة تصبح ببطء ما نعتقد

أنه نحن ، وعندما نبدأ فى يوم جيد بالشك بأن شيء

ماينقصنا، لنكتشف لاحقا أن ذلك الشيء الناقص والمفقود

هو ذواتنا .

نقوم باختلاس النظر من طرف أعيننا لنرى ما إذا كان

بإمكاننا إلتقاط وإيجاد لمحة من ذواتنا. بدون أن يكون

لدينا أدنى فكرة عن كيفية تجاوز ذلك ، كيف نجد أنفسنا ،

لأن ذواتنا الحقيقية مخبئة بشكل جيد خلف القناع ووراء

الحجاب.

فى الكثير من الثقافات والدروس يتم صيانة ذلك الحجاب

الساتر للمحافظة على سلوك أو وضع اجتماعي معين:

الزوجة الصالحة ، الزوج المثالي ، المصدر الموثوق.

غالباً بسبب تلك الشعارات نجد أنفسنا نعيش حياة لا دخل

لها بمن نحن حقاً وليس لها علاقة بما هو مهم فعلاً فى

حياتنا.

عندما تتمكن من الإنفصال عن ذلك الستار، والخروج من

خلف ذلك القناع ، وإيجاد حقيقتك سيكون لديك المزيد من القدرة على الاختيار ، وحينئذ ستتمكن من إعادة التواصل مع حقيقتك وطبيعتك ، والحصول على المزيد من التواصل مع ذاتك وكل شيء وشخص آخر.

وداعاً للموتى الأحياء. ولا داعي للإنتظار حتى ينادينا الحظ. ستبدأ فعلاً فى إحياء حياتك والحضور فيها بشكل نشط وإتخاذ الخيارات التي تخلق المزيد لك ولمن حولك.

أن تكون مفعماً بالحياة شعور رائع. ستبدأ أيضا بدعوة الآخرين لكي يحيوا حياتهم كذلك.

هيا بنا نمرح!

تطبيق الخطوة الرابعة

تجاوز الحجب

ببساطة قم مرتين فى اليوم بالعد للحظات إلى رقم 10. قم بذلك مباشرةً عندما تستيقظ وقبل وقت نومك.

بهذه الطريقة:

1. أغمض عينيك

2. قم بوضع يدك على قلبك والآخرى على معدتك أو على الضفيرة الشمسية (دع اليدين تأخذ مكانهما بتلقائية دون تحديد).

3. إجلس واستشعر أقدامك على الأرض (إذا كان يجب عليك الوقوف فلا بأس).

4. عد إلى العشرة رقماً بعد رقم:

5. لا تنسى أن تتنفس.

نجيد تماماً كيف ننشغل في القيام بالأمور ، في التفكير ، في القيام بالحسابات. توقف للحظة واستشعر ذبذباتك. كيف يمكنك استشعار دقات قلبك؟

ملاحظة مهمة: لا يوجد وقت محدد لهذا التمرين، أنت تختار.

معالم الخطوة الرابعة
انطلق لما وراء الحجب

اليوم ، وبعد العد إلى 10، تمكنت من.....ـــ

مثال: (الاستماع إلى نوتات مختلفة فى الموسيقى، استشعار هبات الهواء على خدي ، استنشاق عبير القهوة قبل غليها...)

1.
2.
3.

اليوم تجاوزت الحجب عندما..

1.
2.
3.

وشعرت بـ.....ـــ

مثال: (الشفافية ، القوة ، السخافة...)

1.
2.
3.

المرحلة الثالثة
إعادة التواصل

جاري إعادة التواصل..

من خلال تواصلنا مع ما هو حقيقي لنا وندرك من نحن وما هي حقيقتنا ، ولا يتم ذلك عن طريق الإنفصال عما هو غير حقيقي لنا، وقتها سنبدأ بالإستمتاع أكثر بأنفسنا وكل شيء حولنا بطريقة جديدة تماماً. إن رغبتنا واستعدادنا في الكشف عن واقع جديد ما وراء بيئة العقل الشديدة التحكم، أمر معدي وينمو كل يوم. **إعادة التواصل** مع اتساعنا الطبيعي في سبيل التواصل والانسجام مع الحيوانات ، النبات ، الجنيات ، والناس الذين يعيشون في هذا الكوكب الجميل سيكون أسهل.

في الخطوتين القادمتين سوف تتمكن من السماح لقدراتك بالمشاركة في تواصلك مع الجزيئات. وستتعلم كيف من الممكن أن توسع نطاق دائرتك بسرعة. بينما توسع دائرتك وتمتد إلى مساحة أكبر سوف تختبر مستوى مختلف تماماً من التواصل. ويمكنك أيضاً إستخدام هذه الخطوات لتواصل أفضل مع أصدقاءك غير المرئيين: (الكينونات، الأرواح العالقة، الأرواح المرشدة) أو ذوات

الفرو (الحيوانات).

استمتع بكونك تشكل الإسهام وتستقبله في أي مكان وبشتى
الطرق.

الخطوة الخامسة

اسمح للكون بالمشاركة

الخطوة الخامسة: إسمح للكون بالمشاركة

غالباً ، عندما تواجه مشكلة فى تواصلك مع أحد ما، يكون بسبب أنهم يحددون ويحجبون تدفق الطاقة بطريقة أو بأخرى ، أو ببساطة بسبب عدم حضورهم في أجسادهم.

بهذه الطريقة يمكنك إعادة تدفق الطاقة ودعوتهم ليكونوا حاضرين معك. هذه الأداة والطريقة من مدرسة الوصول إلى الوعي أكسيس كونشيسنس ممتعة حقاً....،وتعمل كالسحر في كل جوانب حياتك.

وهذه هي الطريقة:
عندما تواجه مصاصي الطاقة، أولئك الذين يمتصون **طاقتك دائماً**، بدلاً من مقاومتهم أو الإستسلام لهم والسماح لهم بإرهاقك وامتصاص حياتك، ببساطة قم بدفق الطاقة باتجاههم. نعم لا تقاوم فقط إتبع الطاقة وتدفقها، ساهم في

جهودهم إسري مع التيار واسمح لهم بالإمتصاص.

هل هذا يعني بأن تسمح لهم بامتصاصك كالعلق حتى تستنزف تماماً؟ أبداً!

ما أقترحه عليك هو ألا تتوقف فقط عند المقاومة، بل أن تساعدهم أيضاً عن طريق دفق الطاقة إليهم. نعم ذلك صحيح.

كيف يعمل ذلك؟

عندما ترسل الطاقة إليهم فأنك لا ترسل الطاقة فقط *منك* ومن *جسدك* كلا. أنت تسحب هذه الطاقة من *خلفك* وتسمح للكون بأن يساهم ويمدك بالقوة. والآن، خذ هذه الطاقة الشهية المتدفقة من الكون خلالك واسمح لها بالتدفق إليهم ثم من *خلالهم* وأخيراً إلى الكون مرة آخرى. الكون في ظهرك يسندك ويسندهم أيضاً!

دون أي مقاومة من ناحيتك، يمكن لذلك أن يهدئ من شدة امتصاصهم لطاقتك.عندما يتم ذلك ستتشعر به في جسدك ولن تشعر بالإرهاق مرة أخرى. بمجرد أن يهدأ امتصاصهم إبدأ بالجهة المعاكسة من ظهرهم (خلفهم) ومن خلالهم إليك. وبعد قليل يمكنك فتح التدفق في الاتجاهين في ذات الوقت ذلك سيخلق تزامناً في إرسال وسحب الطاقة.

سيشعرون بأنهم أفضل وسيكونون أكثر حضوراً. ستتشعر بالتحسن والكون سيأخذ فرصة ليلعب أيضاً. ذلك سيسمح للتواصل بينكم بأن يكون أكثر سلاسة، وسيكون الربح متبادلاً.

عندما نواجه أشخاصا مع حواجز عالية، إبدأ بأن تسحب الطاقة من خلفهم، (اسمح للكون بالمشاركة!) ، ثم من خلالهم إليك، ثم من خلالك. مرة أخرى سوف يهدؤون،

وعندما يحدث ذلك تستطيع سحب الطاقة من ظهرك ومن خلالك إليهم ثم من خلالهم.

إنه سهل، فقط إسحب *بأقوى* ما لديك بالضبط كما تفعل عندما تريد *فعلا* لفت إنتباه أحدهم ،أو جعله ينظر إليك، إسحب بكل ما أوتيت من قوة من كل مسام فى كيانك إسحب وأرسل الطاقة وراقب كيف يساعدك الكون.

تطبيق الخطوة الخامسة
خلق التدفق الطاقي

خلال الأسبوع القادم وعلى الأقل مرة واحدة في اليوم، قم بالسماح للكون بمساعدتك لخلق تدفق طاقي.

في البداية، قم بتحديد مكان الطاقة العالقة مع شخص أو وضع معين.

ثم اسأل:

ما الذي يتطلبه سريان الطاقة هنا؟

ثم اسال:

هل أحتاج أن أرسل الطاقة ؟ واستمع لجسدك.

هل كان ذلك خفيفاً؟

إذا كان كذلك فاسمح للكون بالمشاركة بأن ترسل الطاقة إليهم (إسحب الطاقة من خلفك، من خلالك ثم أرسلها إليهم).

هل كان ذلك ثقيلاً؟

إذاً اسمح للكون بالمشاركة من خلال سحب الطاقة من خلفهم، من خلالهم، باتجاهك ثم من خلالك.

معالم الخطوة الخامسة
إسمح للكون بالمشاركة

اليوم شاركت الكون فى لعبة السريان الطاقي عندما..........

مثال:

(عندما صرخ مديري علي قمت بسحب الطاقة من خلفه إلي، خفضت حواجزي وسمحت للطاقة بالمرور من خلالي.أمثلة آخرى) :

.1

.2

.3

كيف كان ذلك مختلفاً؟

كان مختلفاً لأنه بالعادة كنت أقوم بـ..........

الخطوة السادسة

وسع حيزك (دائرتك)

أو

تواصل مع أصدقائك غير المرئين وذوي الفراء

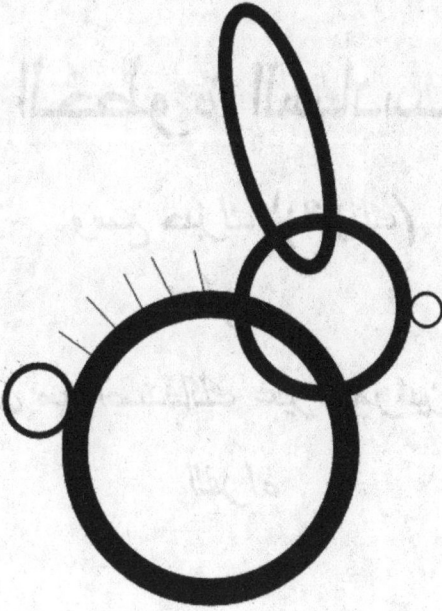

الخطوة السادسة: وسع نطاقك أو تواصل مع أصدقائك غير المرئيين أو ذوي الفراء.

مراقبة ومشاركة الحيوانات قد تكون أسهل طريقة لفهم السحر وسهولة التواصل التام بلا شوائب.

نحن كمخلوقات ذات قدمين، نميل لتعقيد التواصل، ننكر مشاعرنا، نتجاهل الإشارات، نؤجل احتياجاتنا، ونستخدم الكلمات لتشويش وتحجيم ما هو متاح.

بينما الحيوانات في المقام الآخر ، هم واضحون جدا: في عالم الحيوان تأتي السلامة أولاً، وبعدها عندما لا يكون هناك خطر محدق، فهم إما يصطادون ، يلعبون، يأكلون أو يتزاوجون...... ومن بعد ذلك يأخذون قسطاً من الراحة.

بكل سهولة.

بدلاً من إستخدام عقولنا لخلق المزيد من الخيارات، فقد
قمنا بخلق مجتمع يحمل الكثير من القوانين واللوائح،
لتمويه وإخفاء الأسس. بحيث لم نعد نعرف متى هو وقت
الصيد، الأكل، الجري أو الإختباء. وهذا يستدعي فينا كل
أنواع الإرتباك وبالتالي يخلق القلق، الضغط العصبي،
الخوف، مما يجعل الاتصال بأي شخص صعباً ومستحيلاً
في أغلب الأحيان ولو حتى على المستوى الأولي.

كن واعياً لهذه الأمور وقم بتوسيع نطاق دائرتك. انطلق
لما وراء القوالب والثوابت ، الواقع المصطنع ، واسمح
بتخفيف ذلك الضغط الذي يبقيك منفصلاً وعالقاً في
الخوف.

كيف يعمل ذلك ؟

وجه وعيك وانتباهك لأي منطقة في جسدك ، حيث تشعر بأي إحساس غير مريح. قد يظهر ذلك الإحساس على هيئة انقباض ، ألم ، أو حتى مجرد شعور.

إبدأ بتنفس التوسع داخل مركز ذلك الأحساس. وكأنك تزرع بالونه بداخله وبهدوء تقم بنفخها. استمر فى تنفس التوسع إلى ذلك البالون وبهدوء وسع مركز تلك المنطقة ، وسعها لتتجاوز حجم جسدك ، وحجم الغرفة التي تجلس بها ، وحجم البناية ، وحجم المدينة. استمر في ذلك حتى تشعر بالتوسع والانشراح وباختفاء ذلك الإحساس المبدئي.

هذه طريقة سهله وسريعة فى خلق توسع أكثر حولك وفي الحصول على الإتساع في عقلك ، قلبك ، بيئتك وحياتك. تستطيع إستخدامها في أي مكان وأي وقت وتستطيع أيضا إستخدامها مع الوقت والسماح لجسدك بأن يزدهر فيه فعلا هذا الشعور بالاتساع الذي تقدمه لك هذه الخطوة.

أجسادنا مليئة بالقدرة على الاتساع والمساحة ، إستخدم هذه الخطوة في زيادة اتساع نطاق دائرتك وقم بدعوة التوسع الى جسدك لتتصل بالفضاء والاتساع الموجود في كل مكان حولك.

تطبيق الخطوة السادسة

وسع جدران حيز دائرتك

مرة فى اليوم ولمدة أسبوع خذ من وقتك لحظات لإزاحة تلك الجدران بعيداً وتوسعة حيزك.

بهذه الطريقة:

وجه انتباهك لمنطقة الضفيرة الشمسية (منطقة تحت الصدر وفوق المعدة).

مد يدك أمامك بمحاذاة الضفيرة الشمسية واجعل الكفين متواجهين.

تخيل أن يديك بداخل صندوق ضيق ومحكم.

إبدأ بإبعاد يديك عن بعضها بهدوء.

بهدوء تخيل أنك تقوم بدفع جدران ذلك الصندوق الضيق الذي يحيط بمنطقة الضفيرة الشمسية.

استمر في توسعة تلك المساحة داخل ذلك الصندوق. إلى اليمين ، اليسار ، الأعلى ، الأسفل ، أمامك وخلفك.

وسع مساحة الصندوق وفي ذات الوقت وسع حيز الضفيرة الشمسية. بهدوء أبعد يديك حتى تتمدد تماماً بأقصى بعد ويصبح الصندوق قطعة واحدة مفرودة من الورق المقوى.
واستمر في ذلك ، إنطلق لما وراء حوائط الغرفة التي تجلس بها.
ما وراء المدينة وحدودها ، وأعلى باتجاه السماء ، وأسفل باتجاه الأرض وفى كل إتجاه ،

تذكر أن تحافظ على تنفسك.

معالم الخطوة السادسة
وسع حيز دائرتك

يمكنك تخفيف التوتر في جسدك أو في جسد الحيوانات ، أو في غرفة ما باستخدام هذا التمرين.

اليوم وسعت حيز دائرتي واستقبلت اليسر في....

مثال:

(تقلص في ساقي ، جدال مع أختي ، قطة خائفة ، موظف البنك المتجهم)

1.
2.
3.

المرحلة السابعة

خلق التواصل الحقيقي

في الطريق إلى خلق تواصل حقيقي......

كل ذرة في هذا الكون على تواصل مستمر مع كل الذرات الأخرى فى الكون.

عندما نكون مستعدين لرؤية **السحر** ، الاستماع **لأجسادنا** ، تخفيض **الحواجز** ، **الإنطلاق** لما وراء الإنفصال الكاذب والمختلق في العقل ، إشراك الكون وتوسعة حيزنا **ليحتوي** كل شيء وكل أحد ، سيصبح **خلق تواصل حقيقي** تام مع كل ذرة في هذا الكون أمرا سهلاً.

نحن أحد أعظم الكنوز فى هذا الكون ، وكذلك كوكبنا الجميل ، وكذلك كل شيء وكل شخص فيه.

بمجرد استخدامك للخطوات السبع ستبدأ في الإدراك بأنه ليس هنالك آخر ، وأن التواصل مع كل شخص ومع كل شيء موجود أصلاً. نستمده من ذلك المكان حيث كل تواصل هو تواصل تام وكامل.

الخطوة الأخيرة هذه ستساعدك على إعادة الاتصال

بالبهجة المستمرة لكونك على قيد الحياة، وتذكرك أنك دائماً تستطيع بناء **تواصل حقيقي** باتصالك بالأرض.

لدينا مدخل للانطلاق لما وراء وجودنا الفيزيائي ، شيء ما يدعمنا في كل
شيء نقوم به ، ويتيح لنا الاتصال بكل شيء نحن عليه.

الأمور التي توحدنا هي أكثر بكثير من تلك التي تفرقنا.

استمتع بحياتك واحتفِ باتصالك بكل شيء.

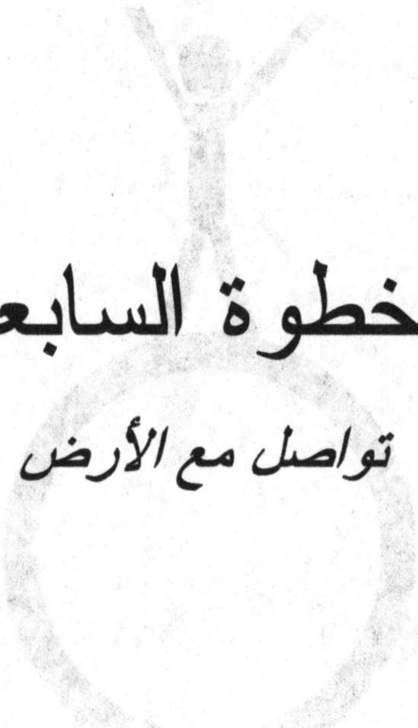

الخطوة السابعة

تواصل مع الأرض

الخطوة السابعة: تواصل مع الأرض

الأرض هي مكان رائع وسحري بشكل لا يصدقه عقل. هي تقدم الرعاية ، الغذاء ، المأوى ، الترفيه ، الحرارة ، الفضول ، الغموض ، المعجزات وأكثر. الأرض هي مصدر معقد للعجائب اللا متناهية. ما الذي يمكن تعلمه من كل هذه النعم ؟

هنالك الكثير من الإمكانيات اللطيفة المتاحة لنا ، إذا ما أردنا الاستفادة من تلك الكنوز الأرضية الشاسعة.

الكثير من الناس لديهم الكثير من وجهات النظر فيما يخص إحتياجات الأرض. وما الذي لا تحتاجه ، وما هي أفضل الطرق للعناية بهذا الكوكب.

أؤمن أنه إذا قمنا برعاية أنفسنا ، سيتم رعاية الأرض في

ذات الوقت.

الإستعداد لإدراك السحر فى كل مظاهره اليومية للأرض هو حقاً هدية كبيرة. الشروق ، الغروب والفجر .... ما أعنيه حقا ، هل رأيت شيئاً في غاية البساطة وفي غاية الجمال في ذات الوقت ، ليس عليك أن تراه حتى مجرد الحديث عنه ، القراءة عنه ، ومعرفة أنه سيحدث بحد ذاته منعش جداً.

تحري الوضوح فيما هو صحيح وخفيف لنا ، والإستماع لأجسادنا هو طريقة لإدراك الأرض والكون.

تخفيض حواجزنا يسمح لنا بإهداء الأرض والإستقبال منها بكل يسر.

الانطلاق لما وراء كل ما هو ظاهري و سطحي ، المشي في الطبيعة ، التواصل مع الأشجار وذبذباتها ، كل ما

يجعلنا فى تواصل مع موجاتنا الخاصة وترددات الأرض.

خلق السريان الطاقي حيثما يتواجد الركود ، **توسعة الطاقة**
عندما تكون متقلصة ، يولد الحياة ويجعلها تتنفس فيك
وفي هذه الأرض.

وسع حيز تلك الحيوانات ، الأشجار ، والناس الذين
يمشون في الأرض متوترين وغافلين وخائفين ، وسع
حيزهم كي يستقبلوا ويكونوا الإسهام المتبادل.

عليك أن تعلم أن **الأرض تحتاجك** وأنت تحتاج الأرض
وأنك جزء حيوي لأي مستقبل مستديم هنا.
استعدادنا للتواصل مع الأرض سيدعو المزيد من النعم ،
السلام والبهجة إلى حياتنا ، والأزهار ستزهر من أجلك
لتقول لك شكراً.

هذا هو التواصل التام.

أنت قطرة الماء وأنت المحيط. كن أنت المصدر فى حياتك وكل شيء سيتصل بك ويهديك بيسر.

تطبيق الخطوة السابعة
اسحَبْ طاقة الأرض من خلال جسدك

ضع قدميك على الأرض ، أغمض عينيك ووجه إنتباهك لمركز الأرض"النواة ".

خذ من قوة الأرض و تخيل خطين يصعدان من باطن الأرض و يخترقان سطحها.

قم بسحبهما إلى باطن القدمين.

هذان الخيطان الموصولان بباطن الأرض يدخلان من خلال قدميك ، يعبران **من خلال كاحليك و يسافران للأعلى إلى ساقيك** ثم يتحدان في منطقة البطن و يستمران في السفر مرورا بالقلب ، للأعلى إلى الرقبة ثم إلى الرأس حتى يخرج من قمة رأسك.

تخيل هذه القوة التي تبدأ من نواة الأرض و تتصل بكل ذرة، والمسافة بين كل ذرة وأخرى ، و تتحد مع كل نجمة في هذا الكون من خلالك.

معالم الخطوة السابعة
تواصل مع الأرض

مرة كل يوم تواصل مع الأرض، في كل مرة تتواصل لاحظ كيف يصبح ذلك أسهل لاحظ كيف تصبح هذه العملية أكثر نجاحا في كل مرة. ولاحظ الطرق المختلفة التي من خلالها تخبرك الأرض أنك متصل معها.

اليوم توقفت في حوار مع......

مثال: (شخص لا أتحدث إليه بالعادة، شجرة ، مزروعاتي ،أو قطة)

1-
2-
3-

اليوم شعرت بحضور الأرض عندما تواصلت مع......

مثال: (جسمي ، كلبي ، والدتي)
1-
2-
3-

ملاحظة مني:

ماذا بعد ذلك

هذه الخطوات السبع للإتصال التام يمكن إستخدامها بمفردها أو مع بعضها

هي خطوة واحدة في بعض المرات ، وقد تكون خليطاً من الخطوات في مرات أخرى ، ومرات أخرى فقط مجرد التفكير بخصوص الخطوات يغير الوضع بأكمله..

المفتاح هو استخدامهم وإدراك مدى سهولة قدرتها على تغيير ما يحدث لك في أي لحظة من حياتك.

تستطيع إستخدامهم لتغيير موقف لصالحك وتحقيق المزيد من الفرص.

بمجرد أن تبدأ باللعب بأحد تلك الخطوات ، سيكون مألوفا لك ماتصنعه من نبذبات ، وبصورة غريزية ستعرف أي خطوة تستخدم لتحدث التغيير الذي اخترته. استمتع بالخطوات واكتشاف اليسر للتواصل التام مع كل شخص وكل شيء حولك.

Kass

تنويه

إن كان هذا الكتاب ممتعا لك ،وترغب في اللعب أكثر مع هذه الخطوات ، قم بالتسجيل في أحد ورش العمل الخاصة بي ،أو كن مدربا أو معلما لمنهج الخطوات السبع ، يمكنك التواصل معي من خلال

INFO@KASSTHOMAS.COM

أو قم بزيارة موقعي:

WWW.KASSTHOMAS.COM

أو

WWW.ACCESSCONSCIOUSNESS.COM/KASSTHOMAS

يمكنك حجز الجلسات الخاصة عن بعد أو الإنضمام للحصص التدريبية ، أو يمكنك فقط التواصل معي فقط لتقول مرحبا .

ان كنت تريد معرفة المزيد عن

آكسس كونشيسنس

قم بزيارة

WWW.ACCESSCONSCIOUSNESS.COM

أنا أيضا أجوب العالم وأقدم ورشات العمل والمحاضرات و لربما نلتقي يوما ما.

إن الأمور التى توحدنا هى أكثر بكثير من تلك التي تفرقنا.

لذلك أبحث عني ودعنا نتواصل ،

بكل سهولة!

كاس توماس

"إذا كنت في رحلة ولم يرضيك المسار الذي اتخذته، ربما آن الأوان لكي تغير اتجاهك"

حياة كاس لم تكن شيئا سوى مغامرة. حيث أنها بدأت العمل في سن الثانية عشرة ، كان لديها شعور بالفخر والالتزام والشغف لكل ما فعلته: من إدارة الإنتاج المسرحي ل اوف-برودواي في بداية حياتها المهنية في نيويورك ؛ للعمل في قطاع الضيافة في فنادق 5 نجوم (حيث فازت بجائزة أفضل مقدم لخدمات الإستقبال "كونسيرج العام" من مجلة وير ، طبعة نيويورك) ؛ لبدء شركة إنتاج الأفلام الخاصة بها مع صديق لها في إيطاليا ؛ إلى التنظيم والعمل في صناعة السينما والتلفزيون والمهرجانات الدولية والمبيعات والتوزيع. في النهاية إلى أن وجدت رسالتها الحقيقية كمدرب للتمكين والحياة ، ومساعدة الناس في جميع أنحاء العالم لتمكينهم من قدراتهم لكي تتألق حقيقتهم التي بداخلهم.

هي أيضًا مؤلف ومدرب ومُيسر معتمد عالميًا في آكسس كونشيسنس مدرسة الوصول إلى الوعي.

تقوم كاس بإجراء جلسات خاصة وتدريب جماعي وورش عمل حول مجموعة متنوعة من الموضوعات ، باستخدام خبرتها في مجال الإتصالات والعديد من الأدوات العملية من مدرسة الوصول إلى الوعي ـــ

كاس تستمر في تغيير المسارات حتى اليوم ومع كل تجربة جديدة ، تقوم بتوسيع هويتها وما تحب القيام به..

ولدت كاس في بوسطن ، ماساتشوستس ، وهو من عائلة غير تقليدية. والديها ، تركا شركائهما السابقين ليكونوا معا وتربية كاس. تضمنت بيئة عائلتها أشخاصًا من مختلف الأعراق والخلفيات ، والتي غرس فيها فضول عالمي متعدد الثقافات. حصلت على درجة جامعية في الصحافة والاتصال الجماهيري ثم انتقلت إلى الدراسات العليا في الإدارة المسرحية ، وكلاهما في جامعة نيويورك. في النهاية ، سافرت إلى مواقع متنوعة ، مثل فرنسا وإسبانيا وإيطاليا ، لتتقن تلك اللغات لتتمكن من التواصل مباشرة مع السكان المحليين هناك. حبها للسفر ، والتنوع ، وإدماج الثقافات المختلفة لا يزال سائدا اليوم.

بالإضافة إلى كونها ميسرة الوصول المعتمدة ، فهي أيضًا واحدة من الميسرين القلائل لمسارات الجسد لمدة 3 أيام في العالم من مدرسة آكسس كونشيسنس. بدأت رحلتها مع Access Consciousness في عام 2003. وفي عام 2006 ، حصلت على رخصة الميسّر المعتمد ، وفي عام 2007 ، دعت المؤسس ، غاري دوغلاس ، والمؤسس المشارك ، الدكتور داين هير ، إلى عقد أول فصول أوروبية في إيطاليا. كانت تلعب دورًا رئيسيًا في تطوير برامج المدرسة والترجمة لسنوات عديدة ، حيث ساعدت في نشرها من 4 إلى 176 دولة وأكثر من 30 لغة.

تصل ورش عملها إلى مجموعة متنوعة من الأشخاص والأماكن ، بما في ذلك الهند ، فرنسا ، إيطاليا ، سويسرا ، المملكة المتحدة ، هولندا ، ألمانيا ، النمسا ، سلوفينيا ، المجر ، بولندا ، جمهورية التشيك ، روسيا ، كرواتيا ، أندونيسيا ، الصين ، اليابان ، المغرب ، إسرائيل ، نيوزيلندا واستراليا وتركيا والولايات المتحدة والبرازيل وجنوب أفريقيا وكندا والإمارات والبحرين وأسبانيا وإستونيا.

في رحلتها ، واجهت ويسرت أكثر من 1000 ورشة عمل وساعدت أكثر من 10000 شخص ، بما في ذلك راي تشارلز ، مادونا ، دينزل واشنطن ، ووبي جولدبرج ، ميشيل فايفر ، مايلز ديفيس ، مورغان فريمان ، وغيرها.

نتيجة لمغامراتها العديدة ، قامت بتأليف الكتاب الأكثر مبيعاً " الخطوات السبع للتواصل التام "
والذي يتوفر بأكثر من 15 لغة بما في ذلك التشيكية والصينية واليابانية ، " والبولندية والتركية وغيرها الكثير. كتابها الثاني "الرقص مع الثروات" ، تم إطلاقه أولاً باللغة الفرنسية في ربيع عام 2019 ، وسيكون متاحًا أيضًا بلغات متعددة.

عندما لا تسافر حول العالم ، لتسهيل الفصول وورش العمل ، تعود كاس إلى إيطاليا مع زوجها ماركو ، وتتمتع ببعض اهتماماتها المشتركة ، بما في ذلك التنس والرقص والجاز والغناء (وهي تعرف كل كلمات الأغاني!) ، والطعام الجيد. في الواقع ، يمكنك أن تجد في كثير من الأحيان صورا عالانستقرام للعشاء الدولي المذهل في منزلها ، يعدها زوجها للأصدقاء، وفي فندقهم البوتيكي فيلينو كوربيللي الواقع في فيلتهم المبنية عام 1920 في روما يوفرون مساحة للإيجار مع طعام الإفطار وحصلت على تقييم عالي لمدة 20 عام

"إنه لمن دواعي سروري أن أشاهد مدى السرعة والسهولة التي يمكن أن يبدأ بها شخص ما في خلق المزيد في حياته ، بجسمه ووضعه المالي ، فقط عن طريق إختيار القيام بذلك."

<u>بعض أسئلتها الملهمة المستخدمة بشكل متكرر تشمل:</u>

ما الذي يملؤك بالفرح؟

ما هي طريقتك الفريدة في السحر؟

. ما هي الهدايا والمواهب التي لديك والتي تأتي بسهولة لك ، حتى أنك لا تعتبرها ذات قيمة؟

ماذا يمكنني أن أضيف إلى حياتي اليوم والذي من شأنه أن يخلق المزيد من الفرح والمال حالا؟

مزيد من المعلومات حول مكان (كاس) وما تفعله اليوم ، انظر أدناه.

Kass Thomas Website:
www.kassthomas.com

Access Consciousness Website:
www.accessconsciousness.com/kassthomas

7steps Website:
www.7steps.us

Facebook - The Art of Being Kass:
www.facebook.com/BeingKass

Instagram:
www.instagram.com/theartofbeingkass

LinkedIn:
www.linkedin.com/in/kass-thomas-700698

Blog:
beingkass.blogspot.com

YouTube:
www.youtube.com/channel/UCW8Cx33MI08eYnnw25bkydQ

إذا رغبت في أن تصبح معلما للسبع خطوات أو مدربا مساعدا ، من فضلك قم بزيارة موقعنا الإلكتروني7steps.us ،

إن ذلك بسهولة العد من ١ إلى ٣!